Kayonda Hubert Ngamaba

A proteção social pode funcionar em Estados frágeis?

Kayonda Hubert Ngamaba

A proteção social pode funcionar em Estados frágeis?

Estudo de caso: Zimbabué, Etiópia, República Democrática do Congo e Somália

ScienciaScripts

Cover image: www.ingimage.com

This book is a translation from the original published under ISBN 978-620-2-06683-9.

Publisher:
Sciencia Scripts
is a trademark of
Dodo Books Indian Ocean Ltd. and OmniScriptum S.R.L publishing group

120 High Road, East Finchley, London, N2 9ED, United Kingdom
Str. Armeneasca 28/1, office 1, Chisinau MD-2012, Republic of Moldova, Europe
Printed at: see last page
ISBN: 978-620-7-91676-4

ÍNDICE

DEDICAÇÃO

Aos meus pais e família pelo seu amor e inspiração

À minha mulher, pelo seu amor e apoio constante

Aos meus filhos e aos investigadores congoleses, para que se possam inspirar.

AGRADECIMENTOS

Os meus agradecimentos vão para os meus colegas de investigação, supervisores da School of Environment & Development SED/IDPM e da School of Psychological Sciences da Universidade de Manchester. Gostaria de agradecer à Dr.ª Sarah Bracking, ao Prof. Chris Armitage e à Dr.ª Maria Panagioti, que disponibilizaram o seu tempo de forma tão generosa e disponível. O meu reconhecimento e agradecimento vão para o meu Senhor Jesus, para a minha mulher Fideline e para a minha família pelo seu amor e apoio contínuo.

INTRODUÇÃO

Nos últimos anos, tem havido um interesse crescente na proteção social e, até à data, alguns exemplos de proteção social estão a tornar-se a abordagem padrão para reduzir os níveis de pobreza. No entanto, apesar da sua longa história de sucesso em alguns países em desenvolvimento, os programas de proteção social são inexistentes ou estão a enfraquecer nos Estados frágeis. Utilizando dados do Banco Mundial, da OCDE e do UK-DFID, este livro discute as condições que podem fazer com que a proteção social funcione em Estados frágeis, tais como a eficácia, a ajuda externa, a capacidade do Estado, a vontade política, os métodos de transferência e também questões de parcerias, coordenação da ajuda e corrupção. Esta investigação sugere que a ajuda externa é indispensável para quebrar o ciclo da pobreza, para cobrir os custos de arranque dos programas de proteção social antes de os governos beneficiários continuarem a financiar os programas com recursos internos. A ajuda externa deve também ser investida na capacidade do Estado para mobilizar recursos locais, para apoiar o controlo do território e a vontade política.

Este livro está organizado em quatro capítulos, excluindo a introdução e a conclusão. O Capítulo 1 descreve brevemente o conceito de proteção social e de Estados frágeis. Apresenta também a lista dos Estados frágeis. O Capítulo 2 explora a ligação entre a ajuda externa, a capacidade do Estado e a vontade política; e investiga quatro estudos de caso de Proteção Social em Estados Africanos Frágeis: Zimbabué, Etiópia, Rep. Dem. Rep. do Congo e Somália. O Capítulo 3 analisa os actores envolvidos e o impacto da ajuda externa nos Estados frágeis. Este capítulo descreve brevemente o envolvimento do Banco Mundial na proteção social nos países em desenvolvimento e porque é que a implementação da proteção social em Estados frágeis é vista como arriscada. O Capítulo 4 investiga uma série de questões que devem ser abordadas para que os mecanismos de proteção social funcionem em Estados frágeis. Inclui questões como a focalização versus cobertura universal, transferências em dinheiro ou em espécie, parcerias e coordenação da ajuda em Estados frágeis, e questões de discriminação de género, corrupção e política de cima para baixo.

CAPÍTULO I. O CONCEITO DE PROTECÇÃO SOCIAL EM ESTADOS FRÁGEIS

1.1. Proteção social

Nos últimos anos, tem havido um interesse crescente na proteção social e, até à data, alguns exemplos de proteção social estão a tornar-se a abordagem padrão para reduzir os níveis de pobreza; por exemplo, para combater a fome, para fornecer educação universal, para combater a desigualdade de género, para oferecer saúde infantil e materna ou para combater o VIH/SIDA (Gentilini 2009). Embora existam definições diferentes mas relacionadas de proteção social, para efeitos do presente estudo, a proteção social será definida como;

"um conjunto de intervenções públicas ou privadas, incluindo redes de segurança social e seguros de emprego, concebidas para ajudar os indivíduos, os agregados familiares ou as comunidades a gerir melhor os riscos económicos ou em resposta a níveis de vulnerabilidade e privação considerados inaceitáveis numa determinada política ou sociedade". (Barrientos e Hulme 2008:5).

O conceito de proteção social é apoiado pelo modelo de desenvolvimento humano e pela abordagem da psicologia humanista. O modelo de desenvolvimento humano sugere que os seres humanos nas suas sociedades seguem três passos importantes nas suas trajectórias de mudança social, tais como: procura de necessidades básicas e desenvolvimento socioeconómico, valores emancipatórios crescentes e democracia efectiva (Brehm e Brehm 1981). A procura de necessidades básicas não é um conceito novo, uma vez que os primeiros antepassados humanos sobreviviam através da caça de alimentos básicos. De acordo com o modelo de desenvolvimento humano e a abordagem da psicologia humanista, as necessidades básicas (como a alimentação, a água potável, o abrigo, a educação básica e os cuidados de saúde básicos) devem ser satisfeitas antes de os indivíduos procurarem a inovação tecnológica e a democracia efectiva. Por conseguinte, a proteção social parece ser um meio indispensável para alcançar o desenvolvimento humano.

A maioria dos decisores políticos e dos profissionais centra-se cada vez mais na intervenção da proteção social, a par de outras intervenções como o crescimento económico, a fim de combater a pobreza e ajudar os indivíduos, os agregados familiares ou as comunidades a gerir melhor os riscos económicos. O crescimento económico é crucial para o desenvolvimento social, mas estudos anteriores indicam que os benefícios do crescimento não chegam automaticamente às famílias mais pobres e marginalizadas nos países em desenvolvimento (Blank e Handa 2008). A questão da redistribuição continua a dividir os libertários dos igualitários (Berg e Veenhoven 2010) e, até à data, tem havido pouco acordo entre os dois. No entanto, continuam a ser necessárias intervenções directas para chegar às pessoas mais pobres e mais vulneráveis que estão, de facto, excluídas social e economicamente. Nos países de baixo rendimento, a criação ou o reforço dos programas de proteção social existentes é uma prioridade importante para os doadores: Agências das Nações Unidas (ONU) e Organizações Não Governamentais (ONG) parceiras. A proteção social nos países em desenvolvimento inclui um vasto conjunto de intervenções, tais como: ajuda humanitária em situações de emergência, sistemas de transferência de dinheiro orientados para a proteção das pessoas vulneráveis, ensino obrigatório, cuidados de saúde básicos, regimes de pensões e também formação de competências que promovam o capital humano e a capacidade de obtenção de rendimentos entre os pobres.

Até à data, alguns exemplos de proteção social estão a tornar-se a abordagem padrão para reduzir os níveis de pobreza. As recentes iniciativas de proteção social incluem: Bolsa Família no Brasil, iniciada em 2003 e que atinge atualmente mais de 12 milhões de agregados familiares (Castineira, Nunes e Rungo 2009); o Esquema de Padrões Mínimos de Vida na China, iniciado no final da década de 1990 e que atingiu 22,4 milhões em 2006; o Subsídio de Apoio à Criança da África do Sul, implementado em 2003 e que atinge atualmente 7.2 milhões de crianças; o programa Oportunidades do México, iniciado em 1997 e que atualmente abrange mais de 5 milhões de agregados familiares; o programa de redes de segurança da Indonésia, introduzido em 2005 e que deverá abranger 15 milhões de agregados familiares; e o programa nacional de garantia do emprego rural da Índia, que deverá abranger 26 milhões de agregados familiares em 2008 (Barrientos e Hulme 2008).

No entanto, apesar da sua longa história de sucesso no mundo desenvolvido, por um lado, os países de rendimento médio têm por vezes dificuldades em encontrar o equilíbrio certo entre a promoção do crescimento e a proteção social. Por outro lado, os programas de proteção social enfrentam uma série de desafios no que diz respeito à sua implementação. Devereux (2013), por exemplo, criticou a forma como os sistemas de segurança social europeus foram importados para África. Destacou a ineficácia de vários mecanismos de segurança social, como o seguro de desemprego e as pensões, importados para África durante o período colonial, que, na verdade, cobrem apenas uma minoria dos trabalhadores com emprego formal; outro exemplo é a ajuda alimentar que não resolve os problemas de insegurança alimentar crónica. Por conseguinte, a implementação da proteção social nos países em desenvolvimento, especialmente nos Estados frágeis, continua a ser um debate em aberto.

1.2. Estados frágeis

Atualmente, existe um amplo debate sobre o que constitui, de facto, um Estado frágil, mas, para efeitos do presente estudo, define-se Estado frágil como um país onde a autoridade governamental está a falhar, onde os direitos humanos básicos à vida e à segurança são regularmente violados, onde a alimentação suficiente é um luxo e onde a água, a saúde e a educação não estão garantidas (DFID 2005; OCDE 2013). Os Estados frágeis são, até certo ponto, diferentes uns dos outros; alguns são afectados por conflitos de alta intensidade, outros têm histórias de golpes militares ou são governados por regimes corruptos, ineptos ou opressivos, e outros são aqueles que sofrem de secas ou outros perigos naturais (OCDE 2010a).

De acordo com a Avaliação Institucional e do Desempenho dos Países (CPIA), existem 51 Estados Frágeis (OCDE, 2013) (ver quadro 1) que, no seu conjunto, contêm cerca de 1,4 mil milhões de pessoas, ou seja, mais de 14% da população mundial, em que quase 30% destas pessoas vivem com menos de 1 dólar por dia (DFID 2005).

O termo "Estados frágeis" tem vindo a substituir gradualmente conceitos que eram aplicados anteriormente (Hout 2010), tais como Países com Parcerias Difíceis (CPD), Estados Esquecidos, Países em Risco, Ambientes Difíceis (DE), Países de Baixo

Rendimento sob Stress (LICUS) ou Estados Falhados (Branchflower, Hennell, Pongracz e Smart 2004). Existem semelhanças na forma como cada terminologia é definida e o acordo sobre a terminologia "Estados frágeis" veio facilitar a coerência e aquilo a que se poderia chamar abordagens "conjuntas" à operacionalização entre os doadores envolvidos nestes países.

Algumas pessoas levantaram a questão: "Por que razão devemos preocupar-nos com os Estados frágeis, que representam apenas 14% da população mundial, quando 86% estão bem?" A resposta é que os Estados frágeis podem facilmente conduzir a conflitos civis e a guerras regionais. Um exemplo é a guerra do Congo, que começou em agosto de 1998 e terminou oficialmente em julho de 2003. A guerra do Congo é também conhecida como a Guerra Mundial de África devido ao custo de vidas (mais de 5 milhões de pessoas) e ao número de beligerantes envolvidos: Ruanda, Uganda, Burundi, Angola, Zimbabué, Namíbia e Chade (Collier 2008). Os Estados frágeis são frequentemente considerados uma ameaça para a segurança mundial e são extremamente vulneráveis ao crime organizado de vários tipos, que procura frequentemente tirar partido da sua fragilidade, proporcionando refúgios seguros para terroristas internacionais, traficantes de seres humanos e para o comércio ilícito de armas. Os ataques dos talibãs no Afeganistão e os ataques de piratas somalis a navios internacionais são outros dois exemplos.

Quadro 1. Lista de Estados frágeis

País
1. Afeganistão*

2. Angola***
3. Bangladesh*
4. Bósnia e Herzegovina***
5. Burundi*
6. Camarões**
7. República Centro-Africana*
8. Chad*
9. Comores*
10. Congo, Rep. Dem. Rep*
11. Congo, Rep.**
12. Costa do Marfim**
13. Egipto**
14. Eritreia*
15. Etiópia*
16. Geórgia**
17. Guiné* (Conacri)
18. Guiné-Bissau*
19. Haiti*
20. Irão, Rep. Islâmica ***

21. Iraque**

22. Quénia**

23. Kiribati**

24. Coreia, Rep. Dem. Rep.*

25. Kosovo**

26. República do Quirguizistão*

27. Libéria*

28. Líbia**

29. Malawi*

30. Ilhas Marshall**

31. Micronésia, Estados Federados **

32. Myanmar*

33. Nepal*

34. Níger*

35. Nigéria**

36. Paquistão**

37. Ruanda*

38. Serra Leoa*

39. Ilhas Salomão**

40. Somália*
41. Sudão do Sul**
42. Sri Lanka**
43. Sudão**
44. Síria**
45. Timor-Leste**
46. Togo*
47. Tuvalu*
48. Uganda*
49. Cisjordânia e Gaza*
50. Iémen**
51. Zimbabué*

Fonte: OCDE (2013)

Nota: O asterisco distingue três categorias de Estados frágeis: *Estados frágeis de baixo rendimento; **Estados frágeis de rendimento médio-baixo; ***Estados frágeis de rendimento médio-alto.

CAPÍTULO II. A PROTECÇÃO SOCIAL PODE FUNCIONAR EM ESTADOS FRÁGEIS?

ESTUDOS DE CASO

Este capítulo analisou as condições que podem fazer com que a proteção social funcione nos Estados frágeis, destacando a importância dos Estados frágeis na redução da pobreza e na segurança global. O estudo analisa a intervenção dos doadores, a capacidade do Estado e a vontade política para implementar a proteção social de forma mais eficaz nos Estados frágeis. Este estudo utilizou dados disponíveis entre países para analisar a eficácia da proteção social em Estados frágeis, tais como: (1) Avaliações de Desempenho e Avaliação Institucional do País (CPIA) do Banco Mundial, uma vez que representam os melhores dados disponíveis sobre a política de um país para promover o crescimento sustentável e a redução da pobreza (Banco Mundial 2016); (2) Relatório do país da Organização para a Cooperação e Desenvolvimento Económico (OCDE), uma vez que fornece um relatório anual atualizado sobre os fluxos de ajuda aos Estados frágeis (OCDE 2013); (3) Departamento do Reino Unido para o Desenvolvimento Internacional (DFID), uma vez que o DFID desempenha um papel fundamental na moderação das relações entre os doadores e na facilitação do contacto entre os doadores e os Estados frágeis (DFID 2005). Este estudo também analisou a forma como estes programas de proteção social são implementados ou poderiam ser implementados de forma mais eficaz nos vários Estados frágeis.

2.1. O impacto da ajuda pode depender da capacidade do Estado e da vontade política

Os Estados frágeis são aqueles em que o Estado não pode ou não quer oferecer serviços e funções básicas à maioria da população. Uma abordagem relacionada é a adoptada por Torres e Anderson (2004), que reorientaram a noção de Estados frágeis como ambientes difíceis em que o Estado é incapaz ou não está disposto a dirigir produtivamente os recursos nacionais ou internacionais para aliviar a pobreza. Utilizando esta noção de ambientes difíceis, o DFID (2005:8) diferencia os países de baixo rendimento segundo dois eixos (capacidade do Estado e vontade política), criando uma tipologia em quatro fases:

1. "Bons desempenhos": forte capacidade e vontade política razoável.
2. "Fraco mas disposto": quando a capacidade do governo é um obstáculo à implementação de uma política.
3. "Forte mas sem capacidade de resposta": quando a capacidade do Estado está orientada para a realização dos objectivos de desenvolvimento, mas é repressiva ou não responde à sua população, lançando assim as sementes para o fracasso futuro.
4. "Fraco-fraco": governos em que faltam capacidade estatal e vontade política

Este livro analisa estudos de caso baseados em países, categorizando-os numa de quatro fases. Para implementar a proteção social, a maioria dos Estados frágeis precisa de ajuda externa. Mas o impacto dessa ajuda depende da capacidade do Estado e da vontade política. Poucos estudos de caso serão examinados.

2.2. Estudos de casos de proteção social em Estados africanos frágeis

Recorrendo a uma amostragem oportunista através da lista fornecida pela OCDE, este livro seleccionou, não exclusivamente, quatro estudos de caso (ver quadro 2), para examinar a eficácia, o apoio da ajuda externa, a capacidade do Estado e a vontade política, juntamente com alguns métodos de entrega de transferências, tais como a focalização ou a cobertura universal, as transferências em dinheiro ou em espécie, e também questões de parcerias e coordenação da ajuda, e a corrupção.

O Quadro 2 apresenta a categorização dos países, a situação de conflito, a capacidade e a vontade política de implementar a proteção social, bem como alguns dados económicos e demográficos, tais como

PIB, população, matrículas escolares, rácio de incidência da pobreza, esperança de vida e RNB per capita.

Quadro 2: Estudos de caso de Estados frágeis: situação de conflito e economias.

Não	País	Categoria	Situação de conflito	Capacidade e vontade política	PIB corrente $US (mil milhões) (2016)	População (milhões) (2016)	Matrículas no ensino primário (% bruta) (2016)	Matrículas no ensino primário (% bruta) (2016)	Rácio de incidência da pobreza (% da população) (2016)	Esperança de vida à nascença, (anos) (2016)	RNB per capita, (US$ correntes) (201)
1	Zimbabué	Indisposto	Atual	Forte e sem	15.23	16.15	99.9	48	72.3	60	940

		(recalcitrante)		reação						
2	Etiópia	Reforma gradual (com retrocessos ocasionais)	Pós-conflito	Fraco e disposto	67.52	102.40	102.1	35	29.6	65	660
3	Congo Deputado democrata	Conflito com a resolução política	Atual	Fraco e disposto	32.70	78.74	107.0	44	63.9	59	420
4	Somália	Estado de colapso	Atual	Fraco e fraco	-	14.32	29.2	7	-	56	-

Fonte: Banco Mundial (2016); OCDE (2010a)

Mapas políticos de África (Fonte: Google Maps).

Foram seleccionados quatro países como estudos de caso, incluindo o Zimbabué, a Etiópia, a República Democrática do Congo e a Somália. Rep. do Congo e a Somália. Apenas duas protecções sociais existentes foram analisadas, uma vez que o Congo Rep. Dem. Rep. do Congo e a Somália não têm proteção social (ver Quadro 3). No entanto, foi explorada a possibilidade de implementar programas de proteção social. O Quadro 3 apresenta uma visão geral do Programa Alimentar Urbano do Zimbabué (UFP) e do Programa da Rede de Segurança Produtiva da Etiópia (PSNP). Os estudos de caso descrevem alguns tópicos, tais como os mecanismos de seleção;

Montante da transferência em dinheiro ou em espécie; número de beneficiários; fonte de financiamento; cobertura; métodos de transferência; custo-eficácia; e alguns exemplos de efeitos dos activos no capital humano, físico, natural ou social.

Quadro 3: Estudos de casos de proteção social

País	Projeto ou Programa	Mecanismos de seleção	Montante e da entrega Em dinheiro ou em espécie em US$	Número de beneficiários	Financiamento	Cobertura	Métodos de transferência	Custo-eficácia: Despesa por US$1transferência	Efeitos dos activos alguns exemplos de activos construídos
Zimbabué	Programa Alimentar Urbano (PAM)	Teste de recursos (agregados familiares com menos de 1 USD/dia)	Vale de alimentação $18 por mês	2000 agregados familiares em 5 cidades	DFID PRP Programa de Socorro Prolongado	5 Cidades	Voucher (valor em dinheiro) nos supermercados	US$ 1,44 para entregar US$ 1	NC: investimento em fertilizantes, sementes e ferramentas
Etiópia	Programa de Rede	Famílias pobres afectad	Transferências de dinheiro e	8,2 milhões de pessoas	Consórcio de doadores,	Cobertura nacional	Pontos de pagamento a	Não disponível	PC;HC; SC; NC acesso ao

	de Segurança Produtiva (PSNP)	as pelas chuvas - idosos e deficientes	alimentos $3,5 por mês durante 6 meses	em situação de insegurança alimentar crónica	incluindo o PAM	290 distritos	dinheiro		crédito; acumulação de activos &Para satisfazer as necessidades básicas
Congo Dem. Rep.	Não existia								
Somália	Não existia								

Fonte: Gilligan, Hoddinott & Taffesse 2008; Ellis, Devereux & White 2009; Filmer & Schady 2010

Nota: foram utilizadas as seguintes abreviaturas: HC: Capital humano; PC: Capital Físico; NC: Capital Natural; SC: Capital Social.

2.2.1. Zimbabué: "Forte mas sem reação

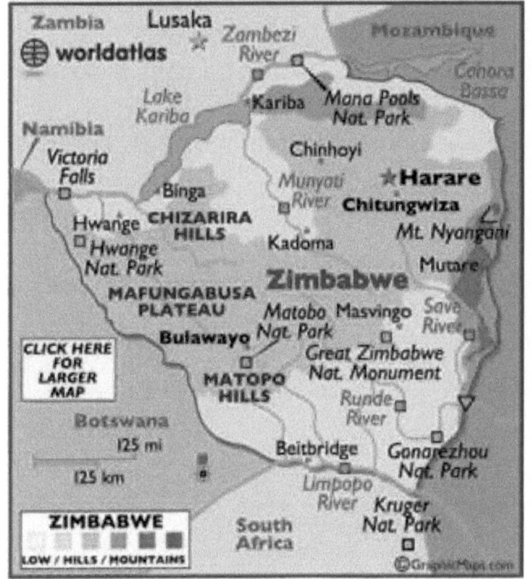

Mapa do Zimbabué (Fonte: Google Maps).

Atualmente, o Zimbabué enquadra-se na categoria de "forte mas sem resposta". O país tem uma forte capacidade institucional para reduzir a pobreza, mas até à data não tem vontade política. Desde 2000, o país mergulhou na hiperinflação e na pobreza extrema. Os doadores e a comunidade internacional tendem a retirar-se ou a esperar até verem mais provas de que as reformas estão a ser implementadas. A política do Presidente Mugabe foi e continua a ser a de aumentar a repressão, a militarização e o comércio com países não ocidentais, como o Irão, a China e a Rússia, que recentemente aumentaram o seu envolvimento na economia do Zimbabué (Bird e Prowse 2008). Estes parceiros não ocidentais não se preocupam com os direitos humanos, os objectivos dos ODM, a redução da pobreza ou a boa governação. A implementação eficaz da proteção social depende tanto da conceção e gestão do próprio programa, como do contexto em que o programa é implementado. Factores como a estabilidade macroeconómica e política e uma taxa de inflação relativamente baixa favorecem o sucesso da proteção social. O Programa Alimentar Urbano (PAM) foi concebido num contexto de hiperinflação. Assim, os vales de alimentação podem ajudar os pobres a obter o valor correto da sua assistência social mensal. Como mostra o quadro 3, apenas 2000 agregados familiares em 5 cidades beneficiam deste programa (Ellis, Devereux e White 2009).

2.2.2. Etiópia: "Fraca mas disposta

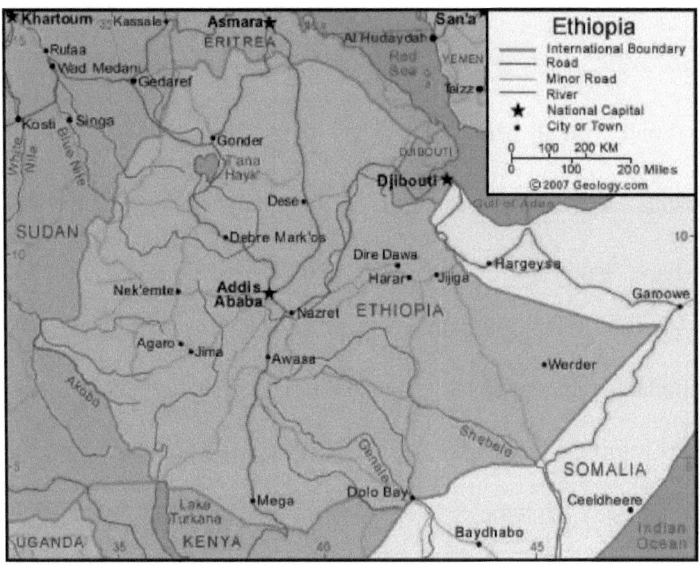

Mapa da Etiópia (Fonte: Google Maps).

Com 77 milhões de habitantes, a Etiópia está situada num ambiente natural vulnerável e numa zona de conflito persistente e é única em África com o seu sistema político federalista que reconhece explicitamente as identidades etnolinguísticas. A Etiópia continua a debater-se com conflitos armados persistentes e insegurança, tensões comunitárias e falta de serviços básicos para todos. Com uma esperança de vida à nascença de 54,7 anos e uma corrupção crescente, em 2007 a Etiópia ocupava o 138.º lugar no Índice de Perceção da Corrupção de 179 países (Abbink 2009). Desde a fome de 1983-84, que afectou milhões de etíopes durante décadas, em janeiro de 2005, o governo etíope e um consórcio de doadores implementaram uma nova forma de rede de segurança: o Programa da Rede de Segurança Produtiva (PSNP), que proporcionou transferências regulares de dinheiro ou de alimentos a mais de 8 milhões de pessoas com insegurança alimentar crónica em 290 distritos (woredas) através de uma combinação de obras públicas e assistência direta. Em termos de número de beneficiários, o PSNP é o maior programa de proteção social da África Subsariana. A avaliação do PSNP em 2008 revelou resultados positivos, tais como a ajuda aos beneficiários para satisfazerem as suas necessidades básicas, o aumento do rendimento real em mais de 50%, o acesso ao crédito, a acumulação de activos e a criação de pequenos animais (Gilligan, Hoddinott e Taffesse 2008). No entanto, o Governo da Etiópia tem de evitar os contratempos ocasionais durante a sua reforma gradual.

2.2.3. República Democrática do Congo: "Fraca e com pouca vontade

Mapa da República Democrática do Congo. Rep. (Fonte: Google Maps).

Trabalhar num país frágil, como a República Democrática do Congo, exige mais mão de obra e é mais caro do que noutros locais. Tudo parece demorar mais tempo do que o previsto... '

(Vaillant, Condy, Robert e Tshionza 2010:51).

O Congo Rep. Dem. Rep. do Congo tem uma capacidade fraca e pouca vontade política. Até à data, os dados não revelam a existência de qualquer programa de proteção social, e a razão poderá estar relacionada com a fragilidade do país. A maior parte das intervenções são de carácter humanitário. Apesar da riqueza dos recursos naturais e do bom clima do Congo, os níveis de pobreza continuam a ser extremamente elevados, com pelo menos 75% da população a viver com menos de 2 dólares por dia. De acordo com o DFID, o país não atingirá nenhum dos ODM até 2015 (Vaillant, Condy, Robert e Tshionza 2010). No entanto, a falta de dados actualizados sobre a pobreza no Congo torna difícil perceber até que ponto o país está fora do caminho.

Até à data, não existe proteção social na República Democrática do Congo. No entanto, o país adoptou uma estratégia nacional para a proteção social dos grupos vulneráveis, mas, no terreno, não foram implementadas acções concretas (UNICEF 2009). Um dos projectos-piloto foi implementado pela Cruz Vermelha e Merlin e visava testar a introdução de cuidados de saúde gratuitos. No entanto, o Ministério da Saúde e muitas agências doadoras não partilham esta missão, uma vez que nem o governo nem os doadores poderão ou estarão preparados para apoiar os cuidados de saúde gratuitos em todo o país. Até à data, o Congo está fortemente dependente da ajuda dos doadores, tanto para programas humanitários específicos como para programas de desenvolvimento.

2.2.4. Somália: "Fraca - Fraca

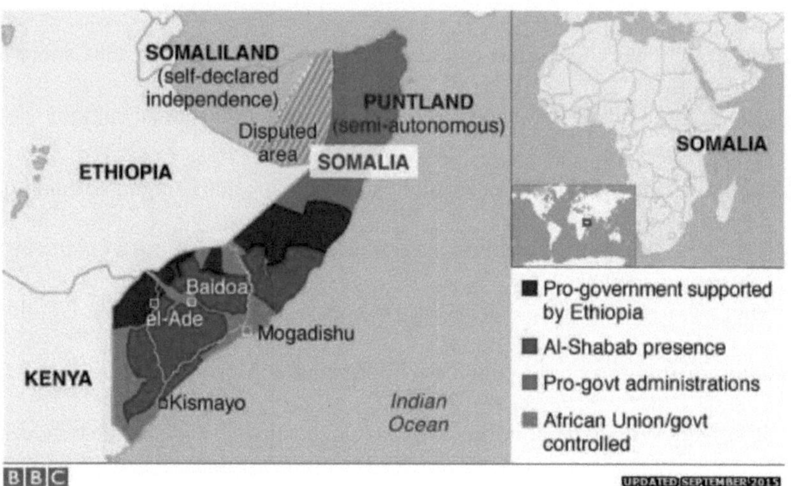

Mapa da Somália (Fonte: Google Maps).

A Somália é um Estado com fracas capacidades e pouca vontade política. Não tem um governo nacional operacional desde 1991, altura em que mergulhou na guerra civil. Quase duas décadas de conflito, agravadas por catástrofes naturais, criaram alguns dos piores indicadores humanos do mundo. De acordo com as Nações Unidas, a Somália é o país do mundo com a maior percentagem de população que necessita de assistência humanitária. Com uma esperança de vida de 56 anos, a Somália tem 71% da sua população sem acesso a água potável e 43,2% da sua população a viver com menos de 1 dólar por dia (OCHA 2009). Devido a um conflito persistente, muitos doadores não estão dispostos a implementar a proteção social. A maioria das intervenções limita-se a respostas humanitárias às populações deslocadas internamente e às que procuram refúgio noutros países

(Makhema 2009). Alguns dos projectos consistiram na aquisição de ajuda alimentar através de comerciantes somalis e no acesso diário a água durante um período de seca de quatro meses. A ajuda ao desenvolvimento da Comissão Europeia executou alguns projectos relacionados com a governação e a segurança, incluindo o apoio à criação de instituições, à reconciliação, ao Estado de direito e aos direitos humanos (CE 2009). O DFID, em parceria com outras organizações humanitárias, como a UNICEF e a Cruz Vermelha, executou alguns projectos de ajuda de emergência, como a formação de professores do ensino primário (ODI 2007).

CAPÍTULO III. ACTORES ENVOLVIDOS E IMPACTO DA AJUDA EXTERNA NOS ESTADOS FRÁGEIS

Nos Estados frágeis, muitos actores diferentes estão envolvidos na conceção, prestação ou extensão da proteção social, tais como: doadores de ajuda internacionais e bilaterais, governos, ONG, sociedade civil e empresas privadas locais. As agências doadoras incluem agências especializadas das Nações Unidas como o Programa Alimentar Mundial (PAM), o Alto Comissariado para os Refugiados (ACNUR), a UNICEF e doadores de ajuda bilateral como o DFID do Reino Unido (Ellis, Devereux e White 2009). Por exemplo, o programa Bolsa Família no Brasil é apoiado técnica e financeiramente pelo Banco Mundial.

3.1. O envolvimento do Banco Mundial na proteção social nos países em desenvolvimento.

O envolvimento do Banco Mundial na proteção social ganhou força na década de 1980. As crises da década de 1980 na América Latina e em África e os programas de ajustamento estrutural apoiados pelo Banco Mundial daí resultantes colocaram as dimensões social e humana no centro do debate sobre o desenvolvimento (Banco Mundial, 2001:1-2). Muitas agências manifestaram a preocupação de que a estabilização macroeconómica e o ajustamento estrutural estavam a afetar negativamente o bem-estar das pessoas pobres, e que o crescimento e as políticas macroeconómicas sólidas eram insuficientes para reduzir a pobreza. Consequentemente, os instrumentos de proteção social passaram a fazer parte dos programas de ajustamento estrutural altamente visíveis do Banco Mundial. O Banco

Mundial centrou-se nos mercados de trabalho, nas pensões, nos fundos sociais e noutras intervenções de redes de segurança. O Relatório sobre o Desenvolvimento Mundial de 1990 sobre a Pobreza reconheceu a importância das redes de segurança. De facto, mesmo na década de 1990, os programas de proteção social passaram a estar na vanguarda do trabalho do Banco Mundial. O colapso do comunismo em 1989-1991, a crise financeira global que atingiu a Ásia Oriental e depois a Rússia e o Brasil em 1997-98 resultaram na implementação de medidas de proteção social em grande escala com a ajuda do Banco Mundial. A nova abordagem do Banco Mundial em matéria de proteção social "trampolim" centra-se mais nas causas da pobreza do que nos sintomas (Banco Mundial, 2001). Incentiva, por exemplo, os governos a adoptarem políticas preventivas, incluindo uma inflação baixa, salários mínimos, promover a literacia jurídica e incentivar a igualdade de acesso aos recursos produtivos (Banco Mundial, 2016). Infelizmente, a maioria destas intervenções é menos eficaz nos Estados frágeis.

3.2. É tão arriscado implementar a proteção social em Estados frágeis!

Os Estados frágeis, especialmente na África Subsariana, apresentam desafios especiais. Os riscos são numerosos, graves e generalizados, ao passo que os meios e os sistemas existentes para a gestão dos riscos são limitados. Este facto aponta para a necessidade de uma ênfase especial na região. No entanto, três condicionalismos limitam este tipo de oportunidades.

Em primeiro lugar, 'As questões de vulnerabilidade "competem" com outras prioridades na região'; em segundo lugar, 'Quando a gestão da vulnerabilidade e dos riscos é identificada como uma prioridade, os instrumentos de proteção não social podem constituir o melhor meio de lidar com os principais riscos enfrentados pelas pessoas pobres; por exemplo, secas, guerra civil e doenças'; e, finalmente, 'A capacidade de implementar instrumentos de proteção social é tão baixa que, mesmo que um instrumento de proteção social funcionasse melhor num mundo ideal, os custos de proporcionar proteção social, na realidade, podem ser proibitivamente elevados' (Banco Mundial, 2001).

Levin & Dollar (2005:6) presumem que a ajuda atribuída a países com políticas e instituições fracas enfrenta desafios muito maiores em relação ao crescimento económico e à redução da pobreza do que os países em que estes elementos são mais fortes. No entanto, o facto é que, em países com fraca capacidade, a duração necessária para que qualquer programa financiado pela ajuda produza resultados é provavelmente muito mais longa do que num país com níveis de pobreza semelhantes, mas com instituições mais fortes. Além disso, os Estados frágeis sofrem de uma volatilidade da ajuda muito mais elevada do que outros países de baixo rendimento, pelo que este é um fator adicional que afecta inevitavelmente os resultados realistas. Levin & Dollar (2005:9) indicaram que esta situação resulta de uma combinação de factores que incluem, por exemplo, a reação dos doadores ao controlo de uma rápida melhoria no terreno ou à deterioração das políticas ou à cessação do conflito. Os doadores também manifestam a sua preocupação pelo facto de os países em situação de pós-conflito poderem ter uma maior capacidade de absorção da ajuda do que outros com níveis de pobreza e institucionais semelhantes. Esta pode ser uma resposta adequada às transições pós-conflito e às mudanças no terreno. Em consequência, os Estados frágeis recebem de facto menos ajuda do que os países com um desempenho mais forte.

Estudos anteriores concluíram que a ajuda externa tem um impacto positivo no crescimento dos países em desenvolvimento (Levin e Dollar 2005). Devido ao facto de os Estados frágeis serem rotulados como "países de parceria difícil", recebem menos ajuda externa do que outros países de baixo rendimento (Feeny e McGillivray 2009). Por conseguinte, o DFID e outras instituições têm-se manifestado no sentido de incentivar os doadores a apoiar estes países. Durante a última década, os doadores, através da Ajuda Pública ao Desenvolvimento (APD), responderam aos desafios dos Estados frágeis aumentando a ajuda. No entanto, a ajuda aos Estados frágeis continua altamente concentrada, com 50% da APD afetada a apenas cinco países: Iraque, Afeganistão, Etiópia, Paquistão e Sudão (OCDE 2010b).

CAPÍTULO IV. FAZER FUNCIONAR A PROTECÇÃO SOCIAL NOS ESTADOS FRÁGEIS: INTERVENÇÕES, PARCERIAS E ABORDAGEM DE QUESTÕES TRANSVERSAIS.

Iniciativas recentes de proteção social estabeleceram que os mecanismos de proteção social estão a tornar-se a abordagem padrão para reduzir os níveis de pobreza (Barrientos e Hulme 2008), mas, até à data, tem havido poucos estudos e acordos sobre se a proteção social pode funcionar em Estados frágeis. Este estudo discutiu várias questões relacionadas com a forma como os programas de proteção social podem ser implementados em Estados frágeis, tais como: métodos de transferência, parcerias, coordenação da ajuda, discriminação de género e corrupção.

4.1. Orientação ou cobertura universal

A focalização é o processo de identificação dos beneficiários e de garantia de que os benefícios chegam efetivamente até eles. Nos países desenvolvidos e na maior parte dos países em desenvolvimento, este método, em especial as transferências condicionais de dinheiro (TPC), tem sido utilizado num grande número de programas, em comparação com a abordagem universalista (Fiszbein et al. 2009).

Aqueles que apoiam a abordagem de focalização argumentam que as decisões de prestar assistência social regular a pessoas vulneráveis à escala nacional são dispendiosas e têm poucas hipóteses de êxito, uma vez que requerem uma forte capacidade estatal e uma verdadeira vontade política. Uma vez que os recursos são limitados, é preferível canalizá-los para as pessoas que mais necessitam de assistência. No entanto, torna-se difícil aplicar uma cobertura direccionada quando os mais pobres são mais de 70% da população (ver Quadro 2), porque os custos serão significativos. Por conseguinte, a cobertura universal poderá ser a melhor opção. Na Zâmbia, por exemplo, 67% da população rural vive em extrema pobreza (Hooper et al. 2008), e Bird e Prowse (2008) indicaram que mais de 85% dos zimbabueanos são agora classificados como pobres, com uma esperança de vida decrescente para as mulheres numa década, de 65 para 34 anos. Hodges (2009) relatou que países como o Togo, a Gâmbia, o Níger, a Guiné-Bissau e a República Centro-Africana têm uma incidência de pobreza superior a 60% e na Serra Leoa chega a 70%. Nestes países, a abordagem de focalização (que exige mecanismos de identificação exactos) pode ser menos eficaz e mais dispendiosa do que a abordagem universalista. A universalidade do acesso a uma proteção social eficaz através da segurança social é o desejo da Organização Internacional do Trabalho (OIT), no entanto, na sua publicação, a OIT (2010) sublinha que a noção de uma prestação universal para os membros qualificados de um regime não se adequa bem na prática quando os recursos do governo são limitados.

Outro problema com a abordagem de seleção é a migração devido a conflitos internos ou regionais. Além disso, o aspeto político da seleção é outro problema, quando pessoas influentes e ricas se recusam a apoiar alguns pobres devido às suas opiniões políticas. Na Zâmbia, por exemplo, os beneficiários do Pacote de Segurança Alimentar foram seleccionados de uma forma que resultou num elevado grau de fuga. As listas de beneficiários eram primeiro elaboradas pelos chefes das aldeias e depois revistas pelos Comités Comunitários de Assistência Social (Ellis, Devereux e White 2009).

Para evitar erros de inclusão e exclusão devido à captura pela elite, o Bolsa Família no

Brasil recorreu a reuniões públicas e a representantes eleitos numa abordagem de orçamento participativo para selecionar os beneficiários (Boulding e Wampler 2010). Para concluir, não existe uma abordagem única que seja a melhor para a definição de objectivos e a cobertura universal. Cada mecanismo tem os seus pontos fortes e fracos; cabe àqueles que conceberam e implementaram os programas encontrar a melhor abordagem.

4.2. Transferências em dinheiro ou em espécie

A proteção social pode ser prestada aos beneficiários de várias formas, recorrendo a diferentes formas de transferência, tais como dinheiro, alimentos, subsídios a produtos de base, insumos agrícolas e formação (Ellis, Devereux e White 2009). A escolha das transferências depende de diferentes factores, como as prioridades dos doadores ou dos responsáveis políticos, a capacidade do Estado, as necessidades locais e o ambiente político e económico do país de acolhimento. No Zimbabué, o Programa Alimentar Urbano (PAM) foi concebido num contexto de hiperinflação, razão pela qual foram utilizados "vales de alimentação" em vez de dinheiro. Os "vales de alimentação" ajudam os beneficiários a manter o mesmo valor ou a mesma composição de alimentos num país onde a moeda pode perder valor diariamente. Quando o Estado frágil tem uma capacidade fraca, especialmente num ambiente de conflito, as transferências de dinheiro podem ser difíceis de realizar. A distribuição gratuita de alimentos é politicamente mais aceitável nos Estados frágeis quando o país passa fome. No entanto, a entrega direta de alimentos pelo PAM a partir do exterior pode perturbar o funcionamento normal do mercado, reduzindo a produção local.

4.3. Parcerias e coordenação da ajuda nos Estados frágeis

As parcerias e a coordenação da ajuda são uma questão importante porque reduzem o risco de duplicação do trabalho dos doadores. Durante a fome de 1983-84 na Etiópia, muitas agências, incluindo o governo etíope, as ONG e o PAM, foram mobilizadas para fornecer o Programa de Rede de Segurança Produtiva (PSNP), que é, de facto, o maior programa de proteção social em Estados frágeis. A coordenação da ajuda no âmbito de uma estrutura administrativa única foi a chave para o êxito desse programa (Gilligan, Hoddinott e Taffesse 2008). Na República Democrática do Congo, o DFID refuta as parcerias silenciosas e apoia a ideia de programação conjunta, participando na conceção, execução e acompanhamento de todos os seus programas com outros doadores (Vaillant, Condy, Robert e Tshionza 2010). Do mesmo modo, no Camboja, a parceria entre o PNUD, a Agência Sueca para o Desenvolvimento Internacional (ASDI) e o DFID proporcionou um apoio harmonizado dos doadores através da parceria financiada conjuntamente (Thornton, Rogers, Sophal e Vickery 2009). Além disso, o DFID apoiou o Camboja na mediação e moderação das relações entre os doadores e persuadiu os doadores a continuarem a apoiar o país. Em resultado das parcerias, Makhema (2009) sugeriu a ideia de um fundo de proteção social global obrigatório, em vez de múltiplas agendas dos doadores. Thornton et al. (2009) salientaram o problema das parcerias quando o papel dos principais doadores não está claramente definido. Outro problema pode ser as longas discussões na fase de conceção antes de se chegar a um acordo entre todas as partes, o que, de facto, pode prejudicar as necessidades urgentes da maioria dos Estados frágeis. A verdade é que é difícil para todos os doadores partilharem uma visão e uma agenda comuns.

4.4. Abordagem de questões transversais: discriminação de género, corrupção e política descendente

4.4.1. Discriminação de género

Uma proteção social eficaz nos Estados frágeis deve centrar-se em questões transversais, utilizando as mulheres como destinatárias directas. A desigualdade de género é um problema real nos Estados frágeis porque muitas mulheres continuam a ser discriminadas de diferentes formas. As crianças nascem numa sociedade em que os homens se colocam em posições de poder sobre as mulheres. As raízes da desigualdade de género estão no seio da cultura e da estrutura familiar, e nos Estados frágeis pouco tem sido feito (Schrock e Schwalbe 2009). As mulheres auferem baixos rendimentos e, consequentemente, a sua segurança social é inferior à dos homens. Para combater a desigualdade de género, o Progresa no México aumentou o poder das mulheres na tomada de decisões, em especial as que afectam as crianças. Ao conceder transferências às mulheres, o Progresa parece estar a influenciar as negociações no seio do agregado familiar a favor das mulheres, o que, por sua vez, traz benefícios para as crianças.

Do mesmo modo, no Brasil, ao escolher as mulheres como beneficiárias directas, o Bolsa Família melhorou o sentido de independência e de responsabilidade das mães em relação aos filhos e à família. Para gerir o Bolsa Família, a população local, incluindo as mulheres, foi convidada a discutir a forma de administrar o programa e a eleger os seus representantes locais. Alguns Estados frágeis juntaram-se a outros países em desenvolvimento para combater a desigualdade de género. Na Etiópia, por exemplo, a participação das mulheres no programa Urban Food Work aumentou a confiança nas suas próprias capacidades para questionar a forma como os homens actuam para perpetuar a desigualdade de género (OIT 2010). A participação e o empoderamento das mulheres parecem ser um fator essencial para combater a discriminação de género.

4.4.2. Corrupção e política do topo para a base

A corrupção é outra questão transversal nos Estados frágeis. A mobilização de fundos pelo governo dos Estados frágeis para implementar programas de proteção social continua a ser um grande desafio devido à corrupção. A Tabela 1 mostra que os Estados Frágeis não estão entre os países mais pobres, pois alguns são países de rendimento médio. É embaraçoso que a maioria dos programas de proteção social seja financiada e gerida por doadores. O DFID, por exemplo, declarou que:

A corrupção na República Democrática do Congo está profundamente enraizada e é generalizada no governo e na sociedade civil. De facto, em muitas áreas, a corrupção é o sistema. É em grande parte o resultado de uma longa história de um Estado extractivista que trabalha para interesses pessoais, exacerbado pela exploração descontrolada dos recursos naturais..." (Vaillant, Condy, Robert e Tshionza 2010:44).

Para ultrapassar a corrupção, a participação orçamental da população local em qualquer decisão que envolva o seu futuro é a chave. De facto, a participação desafia a abordagem tradicional "de cima para baixo" porque dá às pessoas locais a oportunidade de participar, a fim de abraçar a nova abordagem - "de baixo para cima" - que reconhece as comunidades locais como parceiros-chave. Esta abordagem "de baixo para cima" foi bem sucedida no programa Bolsa Família no Brasil e no programa Urban Food Work na Etiópia (OIT 2010). Por conseguinte, em qualquer implementação de programas de proteção social, a participação dos pobres sem poder e marginalizados ajudará a combater a corrupção e a reduzir consideravelmente a desigualdade de género. Os beneficiários não são pedintes, mas têm direito à proteção social, portanto, devem ser capacitados quando estão envolvidos no planeamento, implementação e avaliação de programas de proteção social.

CONCLUSÃO

Este livro analisou a forma como a proteção social pode funcionar em Estados frágeis porque, até à data, tem havido poucos estudos e acordos sobre se a proteção social pode funcionar em Estados frágeis. Os Estados frágeis são países onde a autoridade governamental está a falhar e onde os direitos humanos básicos à vida e à segurança são regularmente violados. Em consequência, estes países não estão a cumprir a maioria dos ODM. Com mais de 870 milhões da população mundial, os Estados frágeis são já um problema para o mundo e podem desestabilizar a segurança regional e global se nada for feito.

Com uma pequena quantia de 3,5 dólares por mês durante 6 meses, o Programa de Redes de Segurança Produtiva (PSNP) fez uma grande diferença para 8,2 milhões de pessoas com insegurança alimentar crónica. No entanto, é indispensável combinar a ajuda externa com boas reformas políticas, tais como a melhoria da gestão dos recursos públicos para maximizar o seu impacto no crescimento e na redução da pobreza. A aplicação eficaz da proteção social depende tanto da conceção e da gestão do próprio programa, como do contexto em que o programa é aplicado. O exemplo do Programa Alimentar Urbano (PSAU) no Zimbabué mostrou como factores como a estabilidade macroeconómica e política e uma taxa de inflação relativamente baixa podem desempenhar um papel fundamental no sucesso de qualquer implementação de proteção social. Após uma visão geral dos estudos de caso, parece que o papel dos doadores é essencial. Eles actuam como uma fonte de financiamento, apoiantes ou coordenadores; no entanto, a saída duradoura da pobreza e da insegurança nos Estados mais frágeis do mundo terá de ser impulsionada pelo governo dos Estados frágeis e pelos próprios cidadãos. No entanto, devido aos desafios multidimensionais (políticos, de segurança, económicos e sociais) enfrentados pelos Estados frágeis, este estudo apoia a ideia de que a ajuda externa é indispensável para quebrar o ciclo da pobreza, para fazer face aos custos de arranque dos programas de proteção social antes de os governos beneficiários continuarem a financiar o programa com recursos internos. Dependendo da categoria em que o país se insere, uma vez que alguns são de baixo rendimento e outros de rendimento médio, a ajuda externa deve centrar-se no controlo do território, na capacidade do Estado de mobilizar e utilizar recursos para a redução da pobreza e na vontade política, o que, de facto, facilitará a participação local em quaisquer programas de crescimento e de redução da pobreza. No entanto, os Estados frágeis são, em certa medida, diferentes uns dos outros; por conseguinte, não existem projectos para eles, cada caso é diferente e exigirá a sua própria abordagem.

Existem algumas limitações a esta investigação, que podem levantar importantes pontos de reflexão e fornecer várias direcções para investigação futura. Este estudo centra-se em alguns estudos de caso, o que constitui uma pequena amostra. A dimensão da amostra limita a possibilidade de a generalizar a todos os Estados frágeis. No entanto, os resultados desta exploração fornecem informações úteis sobre a falta de proteção social nos Estados frágeis e sobre como a proteção social pode funcionar eficazmente nos Estados frágeis.

REFERÊNCIAS

Abbink, J. 2009. "The Ethiopian Second Republic and the Fragile "Social Contract"" (A Segunda República Etíope e o Frágil "Contrato Social"). *Afrika Spectrum,* 44(2), 3-28.

Barrientos, A. e Hulme, D. 2008. *Social Protection for the Poor and Poorest in Developing Countries: Reflexões sobre uma Revolução Silenciosa.* Documento de Trabalho 30 do BWPI. Manchester: Brooks World Poverty Institute.

http://www.bwpi.manchester.ac.uk/resources/Working-Papers/bwpi-wp-3008.pdf

Berg, M. e Veenhoven, R. 2010. Income inequality and happiness in 119 nations (Desigualdade de rendimentos e felicidade em 119 países). In *Social policy and happiness in Europe, editado* por B. Greve , 174-194. Cheltenham, Inglaterra: Edgar Elgar.

Bird, K. e Prowse, M. 2008. *Vulnerability, Poverty and Coping in Zimbabwe. Documento de investigação n.º 2008/41.* Helsínquia: Universidade das Nações Unidas - Instituto Mundial de

Investigação em Economia do Desenvolvimento (UNU-WIDER)

http://www.wider.unu.edu/publications/working-papers/research- papers/2008/en

GB/rp2008-41

Blank, L. e Handa, S. 2008. *Proteção Social na África Oriental e Austral: A Quadro e estratégia para a UNICEF.* UNICEF ESARO. http://www.unicef.org/socialpolicy/files/Social Estratégia de proteção(1).pdf

Branchflower, A., Hennell, S., Pongracz, S. e Smart, M. 2004. *How Important Are Difficult Environments to Achieving the MDGs? Documento de Trabalho 2 do PRDE.* Londres: DFID

Boulding, C. e Wampler, B. 2010. "Voice, Votes, and Resources: Evaluating the Effect of Participatory Democracy on Well-being" [Avaliando o efeito da democracia participativa no bem-estar]. *World Development*, 38(1), 125135.

Brehm, S.S. e Brehm, J.W. 1981. *Psychological Reactance: a theory of freedom and control*. Londres: Academic Press.

Castineira, B.R., Nunes, L.C. e Rungo, P. 2009. "O Impacto das Transferências Condicionadas de Renda no Estado de Saúde: The Brazilian Bolsa Familia Programme". *Revista Espanola De Salud Publica,* 83(1), 85-97.

Collier, P. 2008. *The Bottom Billion: why the poorest countries are failing and what can be done about it.* Oxford: Oxford University Press.

Devereux, S. 2013. "Trajectórias da proteção social em África." *Desenvolvimento da África Austral*, 30(1), 13-23.

DFID (Departamento para o Desenvolvimento Internacional). 2005. *Reduzir a Pobreza Mundial para metade até 2015: Crescimento Económico, Equidade e Segurança.* Londres: DFID.

http://www.dfid.gov.uk/pubs/files/tspeconomic.pdf

Ellis, F., Devereux, S. e White, P. 2009. *Social Protection in Africa*. Cheltenham: Edward Elgar.

CE (Comissão Europeia). 2009. *Assistência da Comissão Europeia à Somália: factos e números. abril de 2009.*

http://www.europarl.europa.eu/meetdocs/2009 2014/documents/sede/dv/sede030909assi stancesomalia/sede030909assistancesomalia en.pdf

Feeny, S. e McGillivray, M. 2009. "Aid Allocation to Fragile States: Absorptive Capacity Constraints". *JournalOfInternationalDevelopment,* 21, 618-632.

Fiszbein, A., Schady, N., Ferreira, F.H.G, Grosh, M., Kelleher, N., Olinto, P. e Skoufias, E. 2009. *Transferências monetárias condicionais: Reducing Present and*

Future Poverty. Washington DC: Banco Mundial.

Gentilini, U. 2009. "Proteção Social no 'Mundo Real': Issues, Models and Challenges." *Development Policy Review,* 27(2), 147-166.

Gilligan, D.O., Hoddinott, J. e Taffesse, A.S. 2008. *An analysis of Ethiopia's Productive Safety Net Program and its linkages [Uma análise do Programa de Rede de Segurança Produtiva da Etiópia e suas ligações]*. Washington, D.C.: Instituto Internacional de Investigação sobre Políticas Alimentares. http://www.csae.ox.ac.uk/conferences/2008-EDiA/papers/391- Taffesse.pdf

Hodges, A. 2009. *Perspectivas para a proteção social na África Ocidental e Central.* Escritório Regional da África Ocidental e Central: UNICEF.

Hooper, R., Condy, A., Tembo, S., Toonen, J. & Vaillant, C. 2008. *Evaluation OfDFID Country Programmes: Zambia*. Londres: DFID

http://www.dfid.gov.uk/Documents/publications1/evaluation/ev689.pdf

Hout, W. 2010. "Between Development and Security: the European Union, governance and fragile states". *Third World Quarterly*, 31(1), 141-157.

OIT (Organização Internacional do Trabalho). 2010. *Alargar a segurança social a todos: Um guia sobre desafios e opções*. Genebra: Departamento de Segurança Social da Organização Internacional do Trabalho. http://www.ilo.org/public/english/protection/secsoc/downloads/policy/guide.pdf

Levin, V. e Dollar, D. 2005. *The Forgotten States: Aid Volumes and Volatility in Difficult Partnership Countries (1992-2002)*. Processo de Aprendizagem e Aconselhamento do CAD.

http://siteresources.worldbank.org/INTLICUSSPANISH/Resources/34687926.pdf

Makhema, M. 2009. *Proteção Social para Refugiados e Requerentes de Asilo na Comunidade de Desenvolvimento da África Austral (SADC). Documento de Discussão Sp No. 0906*. Washington DC: Banco Mundial

OCHA (Gabinete de Coordenação dos Assuntos Humanitários). 2009. *Processo de Apelo Consolidado (CAP) para a Somália*. Nova Iorque: OCHA

ODI (Overseas Development Institute). 2007. *Education aid in fragile states: Delivering it effectively. Briefing Paper, setembro de 2007*. Londres: ODI.

OCDE (Organização para a Cooperação e Desenvolvimento Económico). 2010a. *Monitoring the Principles for Good International Engagement in Fragile States and Situations (Monitorização dos Princípios para um Bom Envolvimento Internacional em Estados e Situações Frágeis): Inquérito de Monitorização dos Princípios dos*

Estados Frágeis: Relatório Global. OCDE.

www.oecd.org/dataoecd/18/16/44651689.pdf

OCDE (Organização para a Cooperação e Desenvolvimento Económico). *2010b. Garantir que os Estados frágeis não sejam deixados para trás. Relatório de síntese, fevereiro de 2010*. OECD.

http://www.oecd.org/dataoecd/34/24/40090369.pdf

OCDE (Organização para a Cooperação e Desenvolvimento Económico). 2013. Fragile States 2013: Fluxos e tendências de recursos num mundo em mudança. OECD.

http://www.oecd.org/dac/incaf/FragileStates2013.pdf

Schrock, D. e Schwalbe, M. 2009. "Homens, masculinidade e actos de masculinidade". *Annual Review of Sociology,* 35, 277-295.

Thornton P., Rogers D., Sophal C. & Vickery C. 2009. *Avaliação dos Programas Nacionais do DFID: Camboja 2003 - 2008*. Londres: DFID

UNICEF. 2009. *Reforço da Proteção Social para as Crianças da África Ocidental e Central.*

Estudo do Relatório Temático Regional 1, fevereiro de 2009. ODI e Gabinete Regional da UNICEF para a África Ocidental e Central.

http://www.odi.org.uk/resources/download/3478-full- report.pdf

Vaillant, C., Condy, A., Robert, P. e Tshionza, G. 2010. *Country Programme Evaluation Democratic Republic of Congo 2003-2008*. Londres: DFID http://www.dfid.gov.uk/Documents/publications1/evaluation/cnty-prog-eval-cd-03-08.pdf

Banco Mundial. 2001. *Estratégia do Sector da Proteção Social: From Safety Net to Springboard*. Washington: Banco Mundial.

Banco Mundial. 2016. Indicadores de desenvolvimento do Banco Mundial. http://data.worldbank.org/country

Printed by Books on Demand GmbH, Norderstedt / Germany